Impressum
Verlag: BABADADA GmbH, Nedderfeld 112 , 22529 Hamburg
Geschäftsführer / Verlagsleitung: Harald Hof
Druck: Books on Demand GmbH, In de Tarpen 42, 22848 Norderstedt

Imprint
Publisher: BABADADA GmbH, Nedderfeld 112 , 22529 Hamburg, Germany
Managing Director / Publishing direction: Harald Hof
Print: Books on Demand GmbH, In de Tarpen 42, 22848 Norderstedt

skola
école

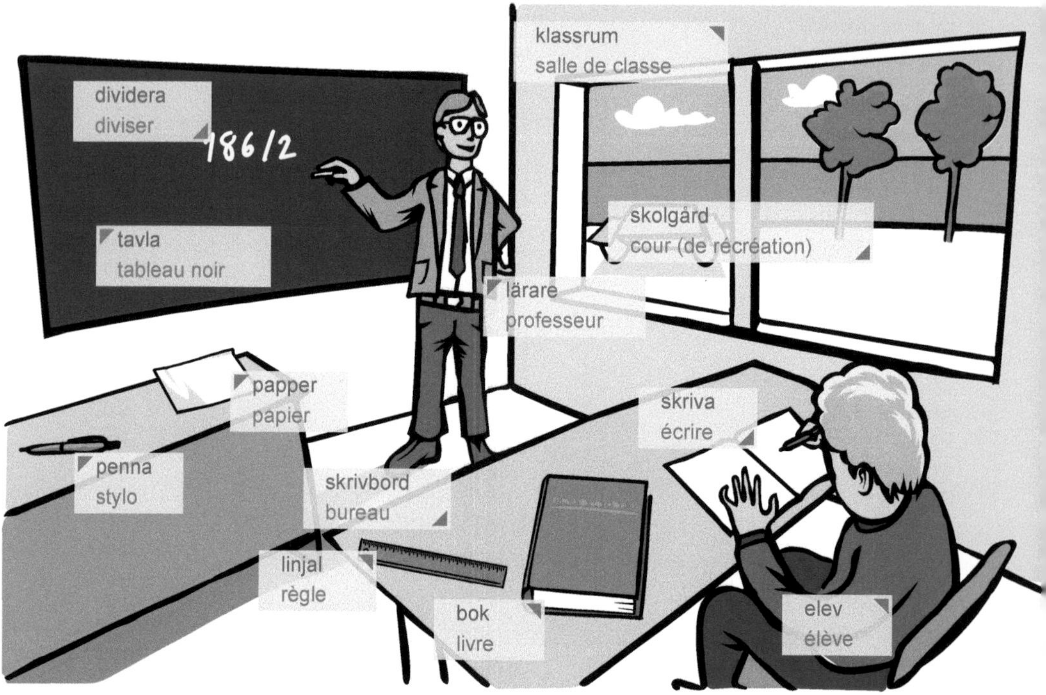
klassrum
salle de classe
dividera
diviser
186/2
tavla
tableau noir
skolgård
cour (de récréation)
lärare
professeur
papper
papier
skriva
écrire
penna
stylo
skrivbord
bureau
linjal
règle
bok
livre
elev
élève

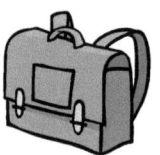

skolväska

cartable

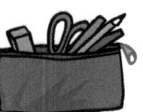

pennfodral

trousse

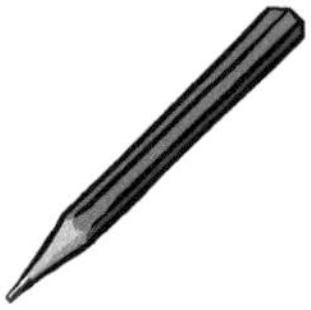

blyertspenna

crayon

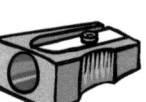

pennvässare

taille-crayon

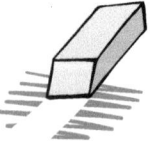

suddgummi

gomme

ritblock

carnet à dessin

teckning
dessin

pensel
pinceau

målarlåda
boîte de peinture

sax
ciseaux

lim
colle

övningsbok
cahier d'exercices

hemläxa
devoirs

12

tal
chiffre

2+2

addera
additionner

5-2

subtrahera
soustraire

2×2

multiplicera
multiplier

räkna
calculer

A

bokstav
lettre

ABCDEFG
HIJKLMN
OPQRSTU
VWXYZ

alfabet
alphabet

ord
mot

text
texte

läsa
lire

krita
craie

lektion
leçon

register
livre de classe

prov
examen

intyg
certificat

skoluniform
uniforme scolaire

utbildning
formation

uppslagsverk
lexique

universitet
université

mikroskop
microscope

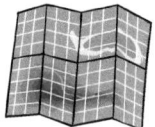

karta
carte

papperskorg
corbeille à papier

resa
voyage

hotell
hôtel
Grand
vandrarhem
auberge
ROOMS
växelkontor
bureau de change
CHANGE
resväska
valise
bil
voiture

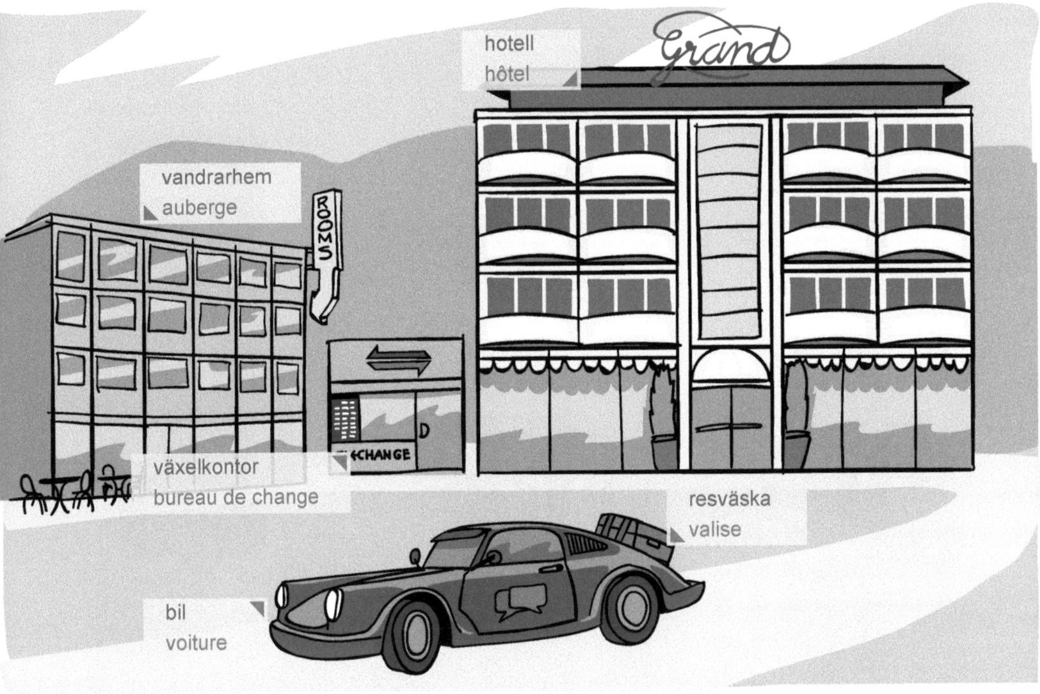

språk

langue

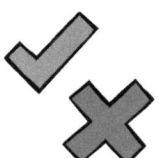

ja / nej

oui / non

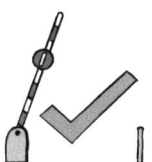

Okay

d'accord

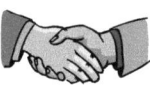

hej

Salut

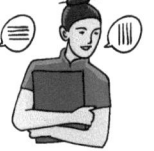

översättare

interprète

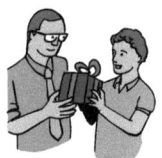

Tack

merci

hur mycket kostar...?

Combien coûte...?

jag förstår inte

Je ne comprends pas

problem

problème

God kväll!

Bonsoir !

God morgon!

Bonjour !

God natt!

Bonne nuit !

hejdå

Au revoir

riktning

direction

bagage

bagages

väska

sac

ryggsäck

sac-à-dos

gäst

hôte

rum

pièce

sovsäck

sac de couchage

tält

tente

turistinformation

office de tourisme

strand

plage

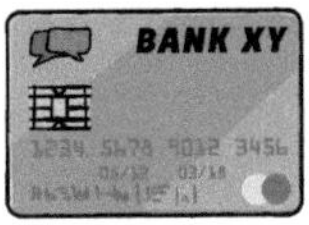

kreditkort

carte de crédit

frukost

petit-déjeuner

lunch

déjeuner

middag

dîner

biljett

billet

hiss

ascenseur

frimärke

timbre

gräns

frontière

tull

douane

ambassad

ambassade

visum

visa

pass

passeport

transport
transport

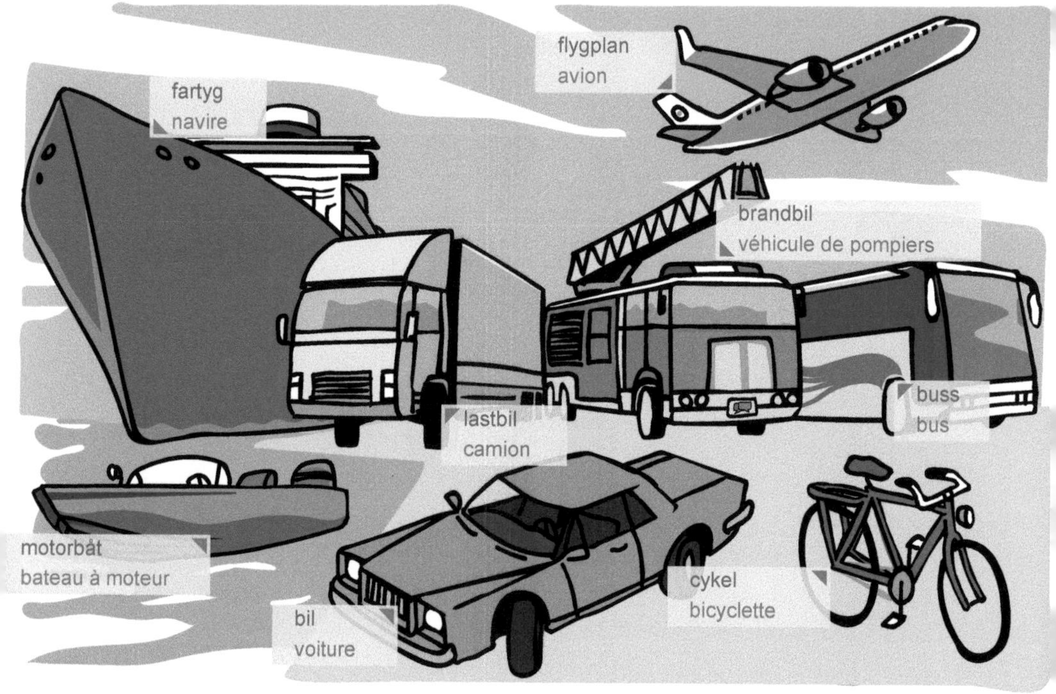

flygplan
avion
fartyg
navire
brandbil
véhicule de pompiers
buss
bus
lastbil
camion
motorbåt
bateau à moteur
cykel
bicyclette
bil
voiture

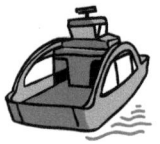

färja

ferry

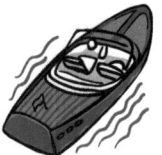

båt

barque

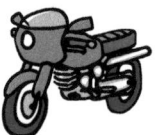

motorcykel

moto

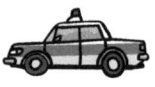

polisbil

voiture de police

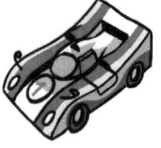

racerbil

voiture de course

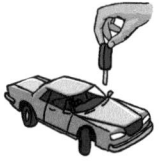

hyrbil

voiture de location

bilpool

auto-partage

bärgningsbil

voiture de remorquage

sopbil

benne à ordures

motor

moteur

bränsle

essence

bensinstation

station d'essence

vägmärke

panneau indicateur

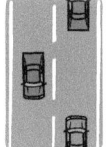

trafik

trafic

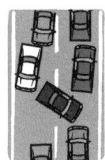

bilkö

embouteillage

parkeringsplats

parking

tågstation

gare

räls

rails

tåg

train

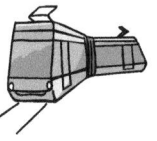

spårvagn

tramway

vagn

wagon

helikopter

hélicoptère

flygplats

aéroport

torn

tour

passagerare

passager

container

conteneur

kartong

carton

vagn

chariot

korg

corbeille

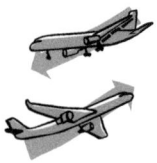

starta / landa

décoller / atterrir

stad

ville

by

village

centrum

centre-ville

hus

maison

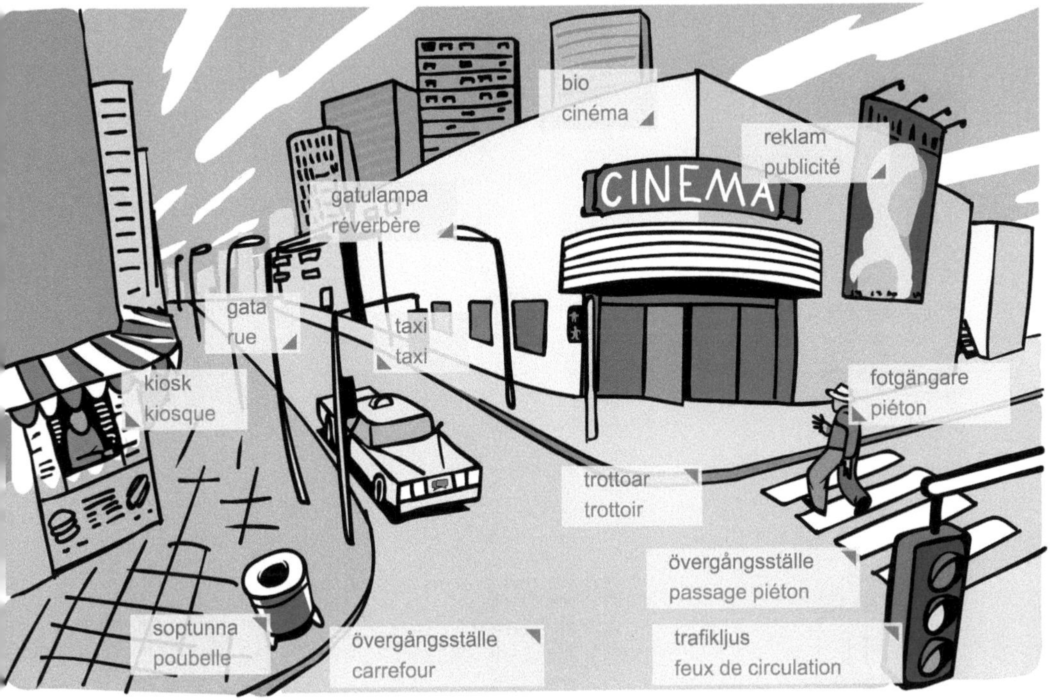

bio
cinéma

reklam
publicité

gatulampa
réverbère

gata
rue

taxi
taxi

kiosk
kiosque

fotgängare
piéton

trottoar
trottoir

övergångsställe
passage piéton

soptunna
poubelle

övergångsställe
carrefour

trafikljus
feux de circulation

stuga
cabane

lägenhet
appartement

tågstation
gare

stadshus
mairie

museum
musée

skola
école

stad - ville

universitet
université

bank
banque

sjukhus
hôpital

hotell
hôtel

apotek
pharmacie

kontor
bureau

bokhandel
librairie

affär
magasin

blomsterbutik
fleuriste

stormarknad
supermarché

marknad
marché

varuhus
grand magasin

fiskhandlare
poissonnerie

köpcentrum
centre commercial

hamn
port

park

parc

bänk

banque

brygga

pont

trappa

escaliers

tunnelbana

métro

tunnel

tunnel

busshållplats

arrêt de bus

bar

bar

restaurang

restaurant

brevlåda

boîte à lettres

gatuskylt

panneau indicateur

parkeringsautomat

parcmètre

zoo

zoo

simbassäng

piscine

moské

mosquée

bondgård
ferme

förorening
pollution

kyrkogård
cimetière

kyrka
église

lekplats
aire de jeux

tempel
temple

landskap
paysage

löv
feuille

vägskylt
panneau indicateur

väg
chemin

äng
pré

liftare
randonneur

sten
pierre

träd
arbre

flod
rivière

gräs
herbe

blomma
fleur

dal

vallée

kulle

montagne

sjö

lac

skog

forêt

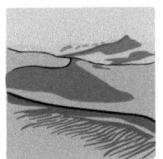

öken

désert

vulkan

volcan

slott

château

regnbåge

arc-en-ciel

svamp

champignon

palm

palmier

mygga

moustique

fluga

mouche

myra

fourmis

bi

abeille

spindel

araignée

skalbagge

coléoptère

groda

grenouille

ekorre

écureuil

igelkott

hérisson

hare

lièvre

uggla

chouette

fågel

oiseau

svan

cygne

vildsvin

sanglier

rådjur

cerf

älg

élan

damm

barrage

vindkraftverk

éolienne

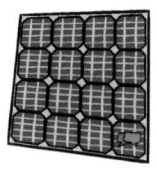

solcellspanel

panneau solaire

klimat

climat

restaurang
restaurant

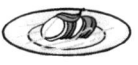

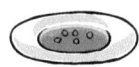

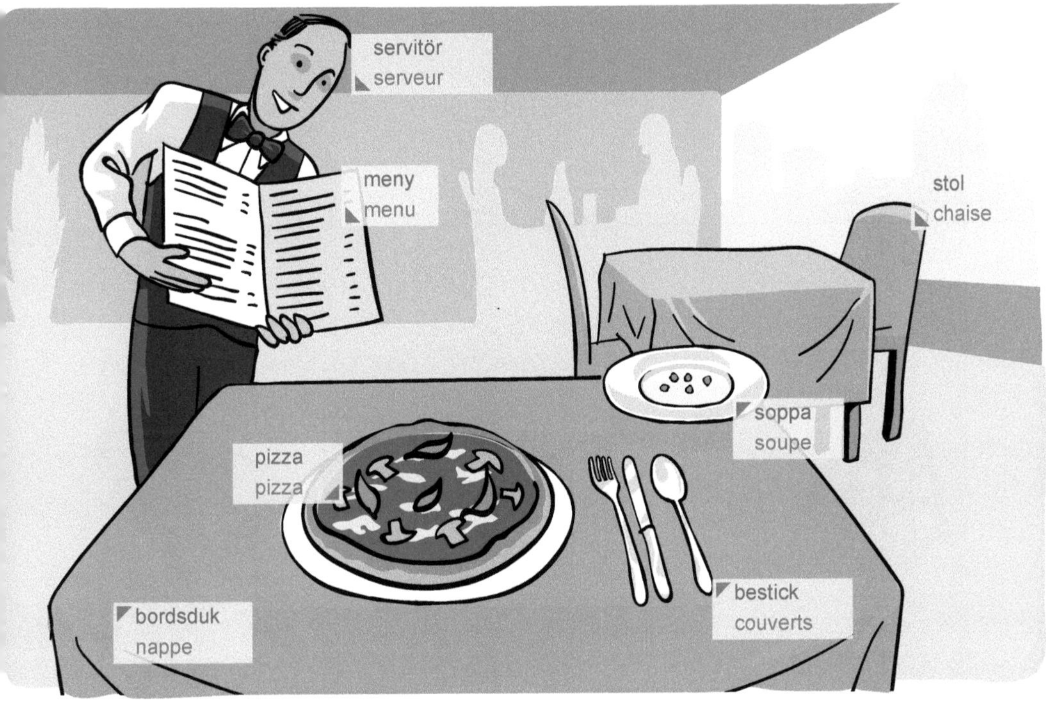
servitör
serveur
meny
menu
stol
chaise
soppa
soupe
pizza
pizza
bestick
couverts
bordsduk
nappe

förrätt
....
hors d'œuvre

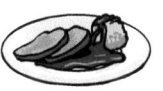

huvudrätt
....
plat principal

dessert
....
dessert

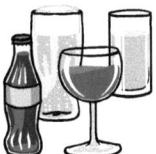

drycker
....
boissons

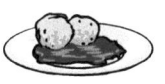

mat
....
alimentation

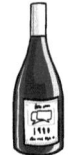

flaska
....
bouteille

snabbmat

fast-food

street food

plats à emporter

tekanna

théière

sockerskål

sucrier

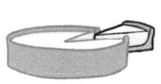

portion

portion

espressomaskin

machine à expresso

barnstol

chaise haute

räkning

facture

bricka

plateau

kniv

couteau

gaffel

fourchette

sked

cuillère

tesked

cuillère à thé

servett

serviette

glas

verre

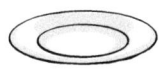

tallrik

assiette

sopptallrik

assiette à soupe

tefat

soucoupe

sås

sauce

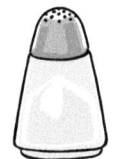

saltkar

salière

pepparkvarn

moulin à poivre

vinäger

vinaigre

olja

huile

kryddor

épices

ketchup

ketchup

senap

moutarde

majonnäs

mayonnaise

stormarknad
supermarché

specialerbjudande
offre promotionnelle
kund
client
mejeriprodukter
produits laitiers
varukorg
chariot
frukt
fruits
FOR

BUTCHERS

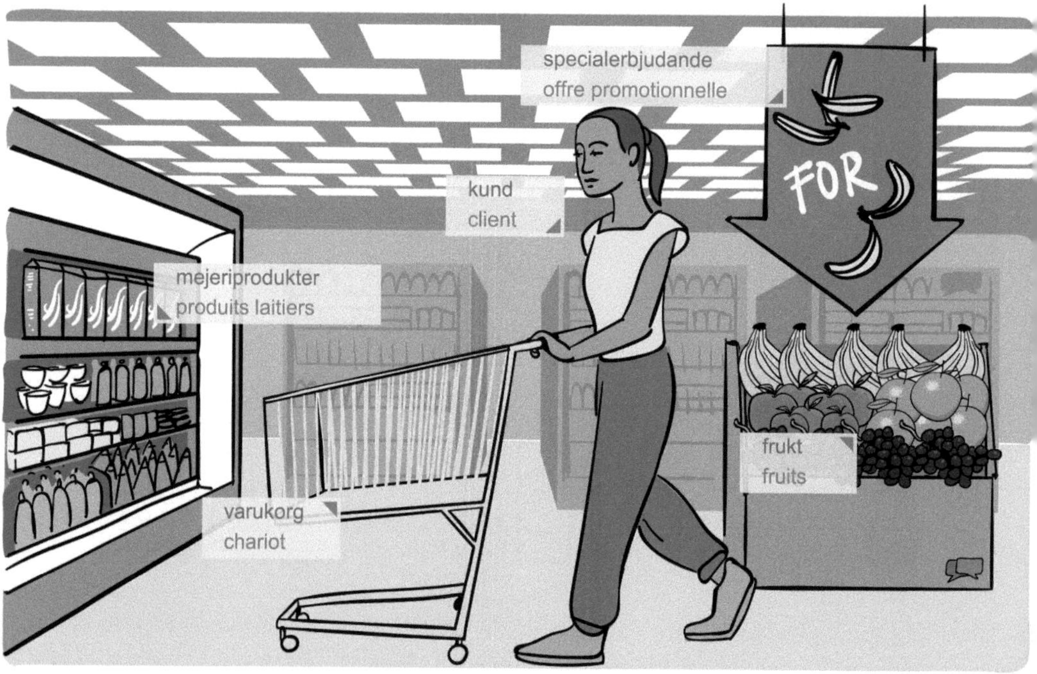

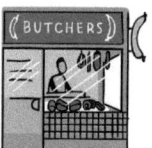

charkuteri

boucherie

BAKERY

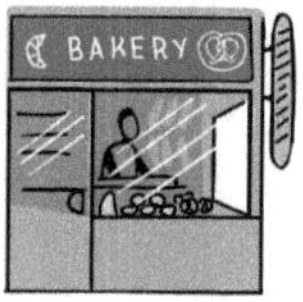

bageri

boulangerie

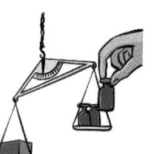

väga

peser

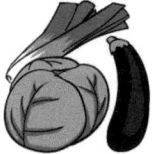

grönsaker

légumes

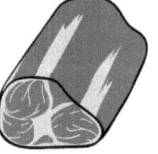

kött

viande

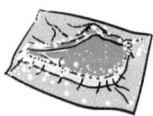

frysta livsmedel

aliments surgelés

pålägg

charcuterie

konserver

conserves

tvättmedel

poudre à lessive

godis

bonbons

hushållsprodukter

articles ménagers

rengöringsmedel

détergents

försäljare

vendeuse

kassa

caisse

kassör

caissier

inköpslista

liste d'achats

öppettider

heures d'ouverture

plånbok

portefeuille

kreditkort

carte de crédit

väska

sac

plastpåse

sac en plastique

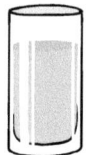

vatten

eau

juice

jus de fruit

mjölk

lait

cola

coca

vin

vin

öl

bière

alkohol

alcool

kakao

chocolat chaud

te

thé

kaffe

café

espresso

expresso

cappuccino

cappuccino

banan

banane

äpple

pomme

apelsin

orange

melon

melon

citron

citron

morot

carotte

vitlök

ail

bambu

bambou

lök

oignon

svamp

champignon

nötter

noisettes

nudlar

pâtes

spaghetti

spaghetti

ris

riz

sallad

salade

pommes frites

pommes frites

stekt potatis

pommes de terre rôties

pizza

pizza

hamburgare

hamburger

smörgås

sandwich

schnitzel

escalope

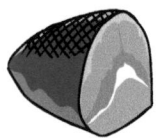

skinka

jambon

salami

salami

korv

saucisse

kyckling

poulet

stek

rôti

fisk

poisson

havregryn

flocons d'avoine

müsli

muesli

cornflakes

cornflakes

mjöl

farine

croissant

croissant

fralla

petits-pains

bröd

pain

rostat bröd

pain grillé

kex

biscuits

smör

beurre

kvarg

le fromage blanc

kaka

gâteau

ägg

œuf

stekt ägg

œuf au plat

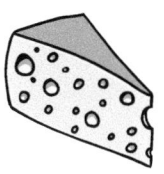

ost

fromage

glass
glace

socker
sucre

honung
miel

sylt
confiture

nougatkräm
crème nougat

curry
curry

bondgård
ferme

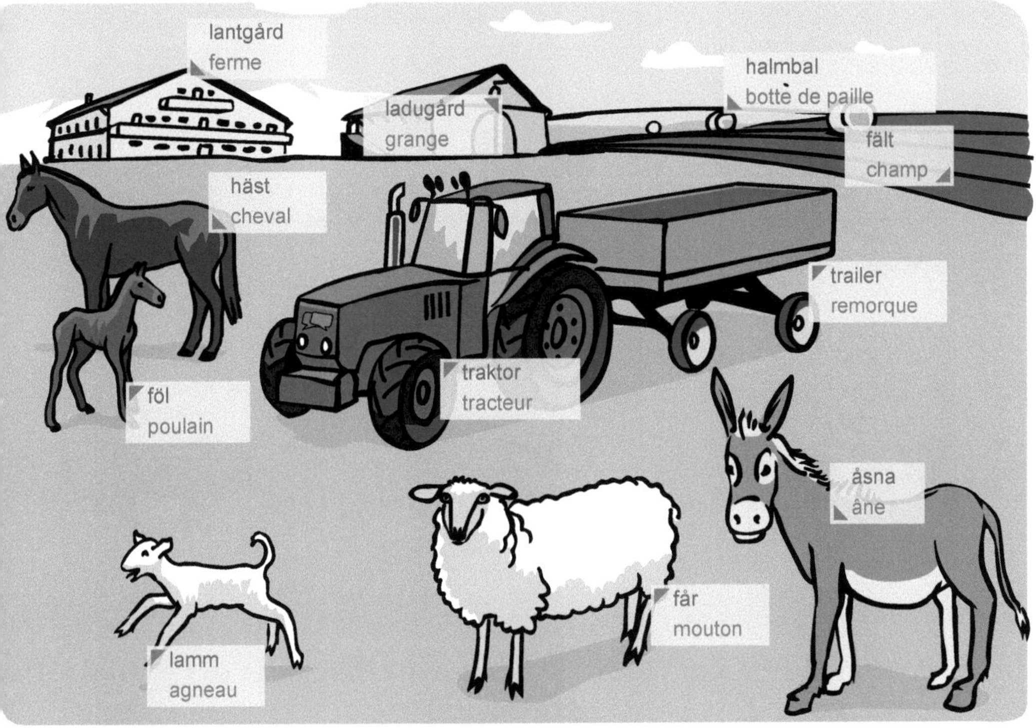
lantgård
ferme
ladugård
grange
halmbal
botte de paille
fält
champ
häst
cheval
trailer
remorque
traktor
tracteur
föl
poulain
åsna
âne
får
mouton
lamm
agneau

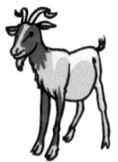

get
chèvre

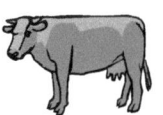

ko
vache

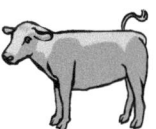

kalv
veau

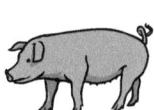

gris
porc

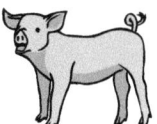

griskulting
porcelet

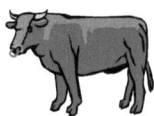

tjur
taureau

gås
oie

anka
canard

kyckling
poussin

höna
poule

tupp
coq

råtta
rat

katt
chat

mus
souris

oxe
bœuf

hund
chien

hundkoja
chenil

trädgårdsslang
tuyau de jardin

vattenkanna
arrosoir

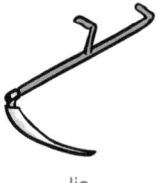

lie
faucheuse

plog
charrue

skära
faucille

hacka
pioche

högaffel
fourche

yxa
hache

skottkärra
brouette

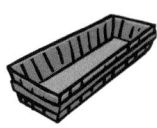

tråg
cuve

mjölkflaska
pot à lait

säck
sac

staket
clôture

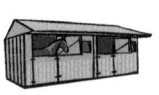

stall
étable

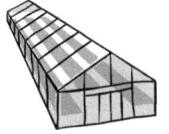

växthus
serre

jord
sol

säd
semences

gödsel
engrais

skördetröska
moissonneuse-batteuse

skörda

récolter

skörd

récolte

jams

igname

vete

blé

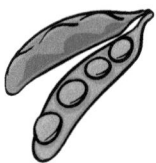

soja

soja

potatis

pomme de terre

majs

maïs

raps

colza

fruktträd

arbre fruitier

maniok

manioc

spannmål

céréales

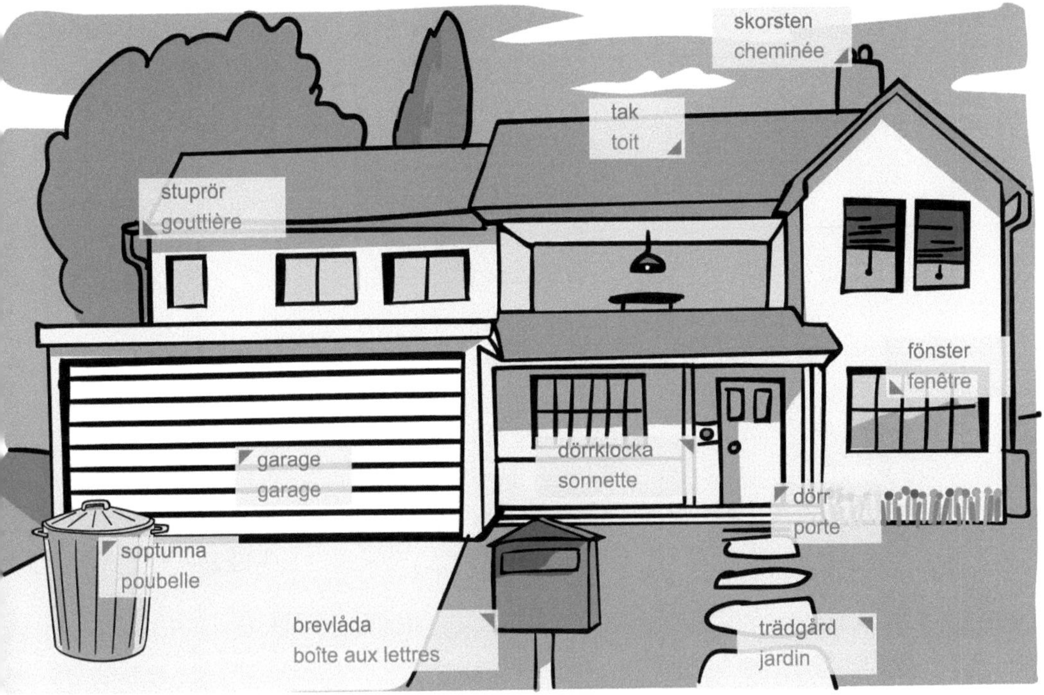

skorsten
cheminée

tak
toit

stuprör
gouttière

fönster
fenêtre

garage
garage

dörrklocka
sonnette

dörr
porte

soptunna
poubelle

brevlåda
boîte aux lettres

trädgård
jardin

vardagsrum

salon

badrum

salle de bain

kök

cuisine

sovrum

chambre à coucher

barnrum

chambre d'enfant

matsal

salle à manger

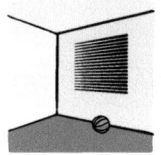

golv
sol

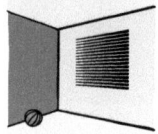

vägg
mur

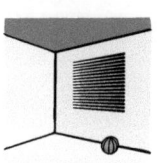

tak
plafond

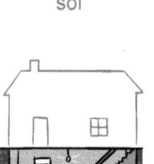

källare
cave

bastu
sauna

balkong
balcon

terrass
terrasse

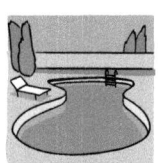

bassäng
piscine

gräsklippare
tondeuse à gazon

lakan
housse

överkast
couette

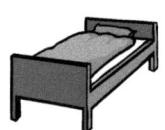

säng
lit

kvast
balai

hink
sceau

strömbrytare
interrupteur

vardagsrum
salon

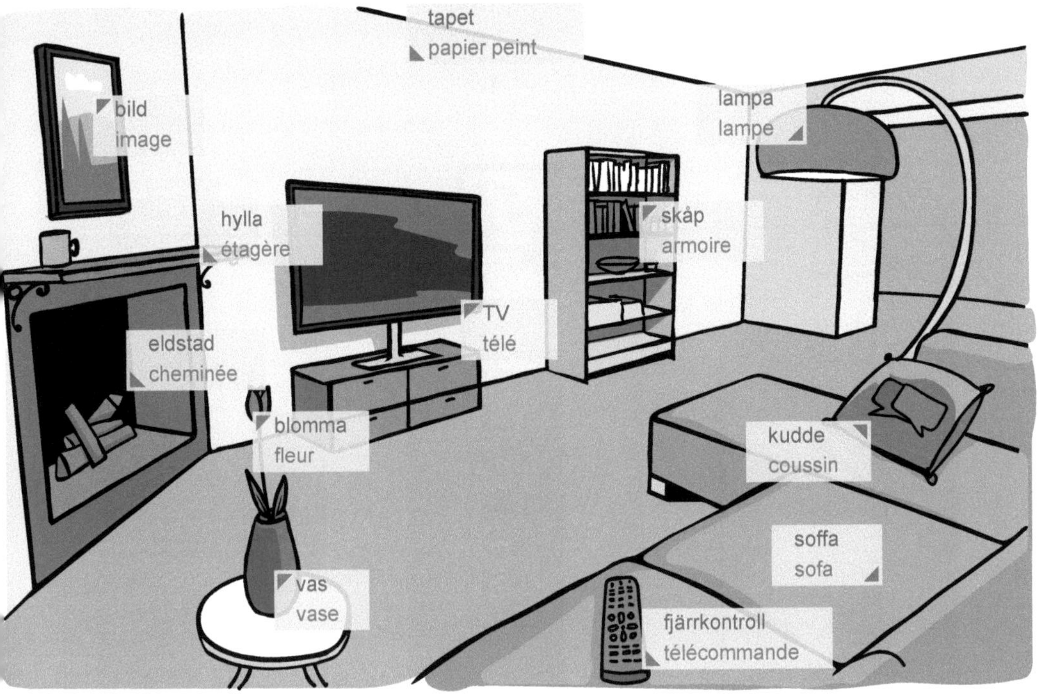
tapet
papier peint
bild
image
lampa
lampe
hylla
étagère
skåp
armoire
TV
télé
eldstad
cheminée
blomma
fleur
kudde
coussin
soffa
sofa
vas
vase
fjärrkontroll
télécommande

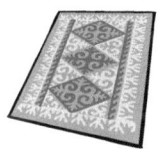

matta
tapis

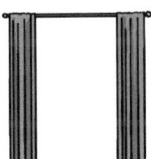

gardin
rideau

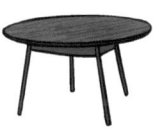

bord
table

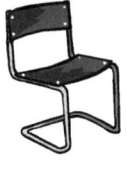

stol
chaise

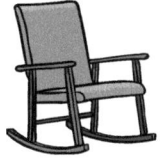

gungstol
chaise à bascule

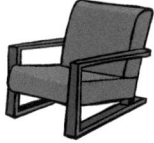

fåtölj
fauteuil

bok

livre

filt

couverture

dekoration

décoration

vedträ

bois de chauffage

film

film

stereoanläggning

chaîne hi-fi

nyckel

clé

dagstidning

journal

målning

peinture

poster

poster

radio

radio

anteckningsbok

bloc-notes

dammsugare

aspirateur

kaktus

cactus

stearinljus

bougie

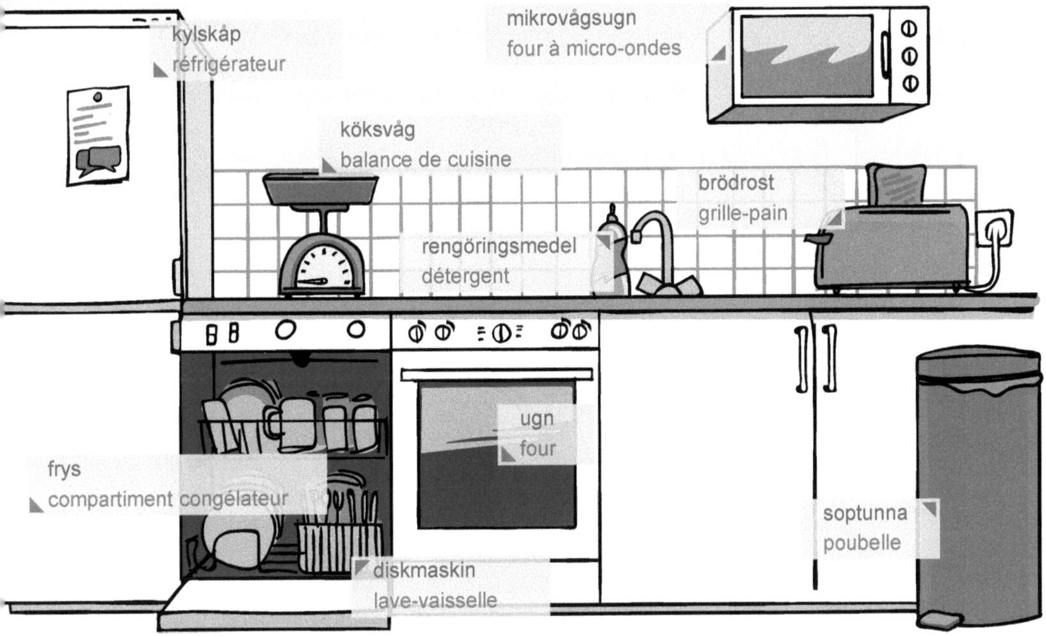

kylskåp
réfrigérateur

mikrovågsugn
four à micro-ondes

köksvåg
balance de cuisine

brödrost
grille-pain

rengöringsmedel
détergent

ugn
four

frys
compartiment congélateur

soptunna
poubelle

diskmaskin
lave-vaisselle

spis
four

kastrull
casserole

järngryta
marmite

wok / kadai
wok / kadai

stekpanna
poêle

vattenkokare
bouilloire electrique

ångkokare

cuiseur vapeur

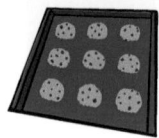

bakplåt

plaque de cuisson

porslin

vaisselle

mugg

gobelet

skål

coupe

ätpinnar

baguettes

soppslev

louche

stekspade

spatule

visp

fouet

durkslag

passoire

sil

tamis

rivjärn

râpe

mortel

mortier

grill

barbecue

brasa

cheminée

skärbräda

planche à découper

kavel

rouleau à pâtisserie

korkskruv

tire-bouchon

burk

boîte

burköppnare

ouvre-boîte

grytlapp

maniques

vask

lavabo

borste

brosse

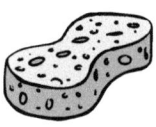

svamp

éponge

mixer

mixeur

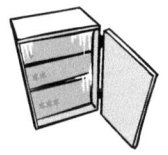

frys

congélateur

nappflaska

biberon

kran

robinet

kök - cuisine

badrum
salle de bain

värme
chauffage
handduk
serviette
dusch
douche
duschdraperi
rideau de douche
bubbelbad
bain moussant
badkar
baignoire
glas
verre
tvättmaskin
machine à laver
kran
robinet
kakel
carrelage
potta
pot
vask
lavabo

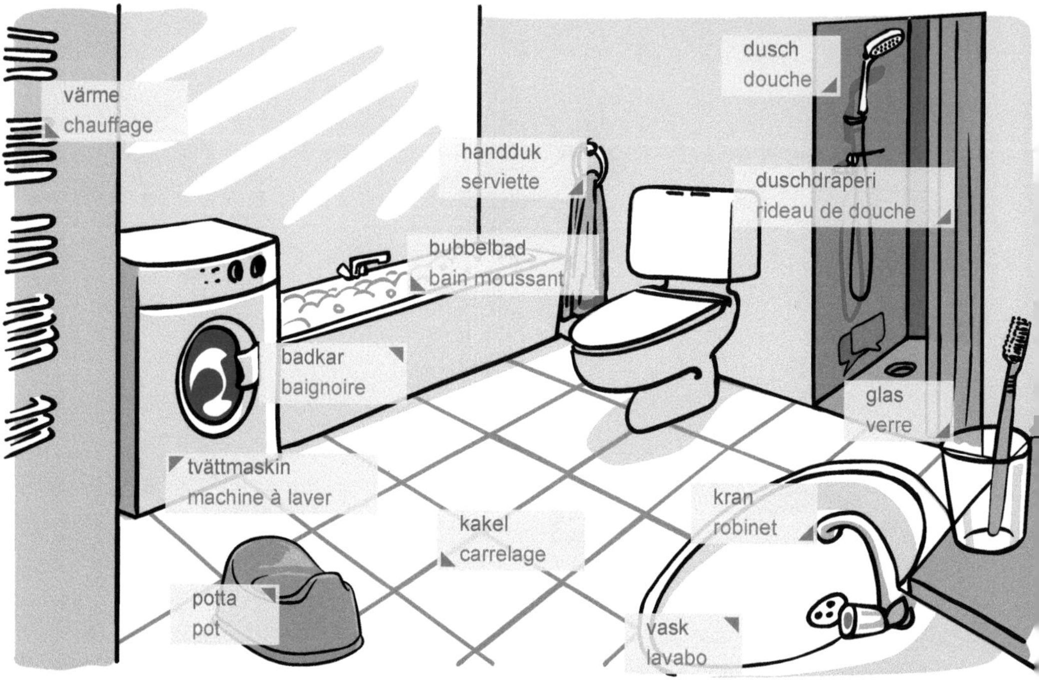

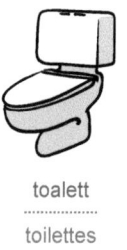

toalett

toilettes

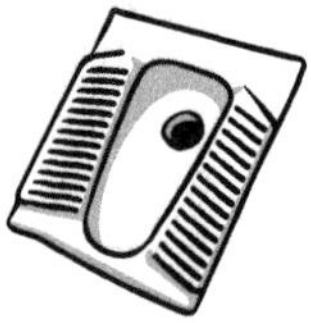

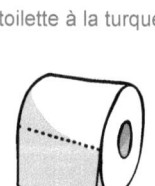

låg toalett

toilette à la turque

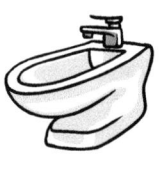

bidet

bidet

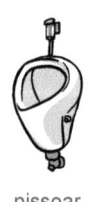

pissoar

urinoir

toalettpapper

papier toilette

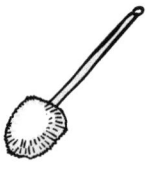

toalettborste

brosse à toilette

tandborste

brosse à dents

tandkräm

dentifrice

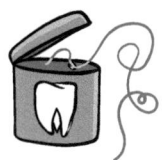

tandtråd

fil dentaire

tvätta

laver

handdusch

douche manuelle

intimdusch

douche intime

handfat

vasque

ryggborste

brosse dorsale

tvål

savon

duschgel

gel douche

schampo

shampooing

trasa

gant de toilette

avlopp

écoulement

crème

crème

deodorant

déodorant

spegel

miroir

handspegel

miroir cosmétique

rakhyvel

rasoir

raklödder

mousse à raser

rakvatten

après-rasage

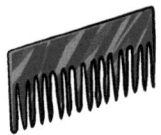

kam

peigne

borste

brosse

hårtork

sèche-cheveux

hårspray

laque pour cheveux

smink

fond de teint

läppstift

rouge à lèvres

nagellack

vernis à ongles

bomullsvadd

ouate

nagelsax

coupe-ongles

parfym

parfum

necessär
trousse de toilette

pall
tabouret

våg
pèse-personne

badrock
peignoir

gummihandskar
gants de nettoyage

tampong
tampon

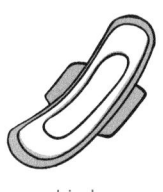

binda
serviettes hygiéniques

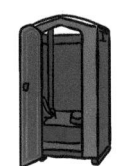

kemisk toalett
toilette chimique

barnrum
chambre d'enfant

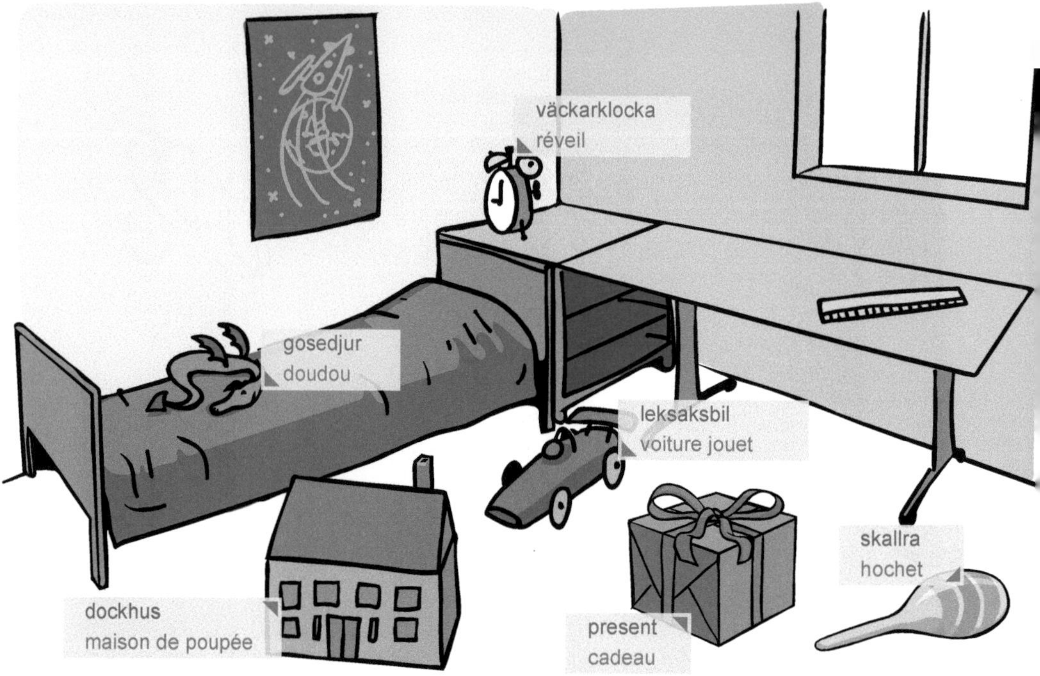

väckarklocka
réveil
gosedjur
doudou
leksaksbil
voiture jouet
skallra
hochet
dockhus
maison de poupée
present
cadeau

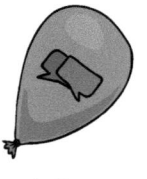

ballong
ballon

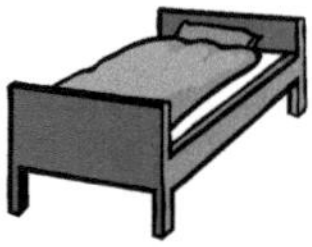

säng
lit

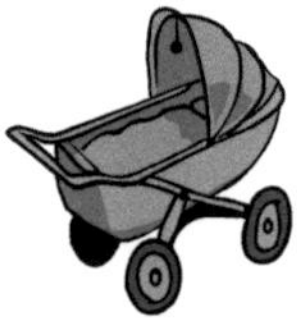

barnvagn
poussette

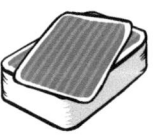

kortlek
jeu de cartes

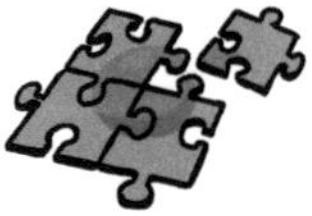

pussel
puzzle

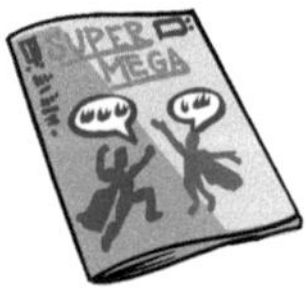

SUPER
MEGA

serietidning
bande dessinée

legobitar

pièces lego

klossar

blocs de construction

actionfigur

figurine

sparkdräkt

grenouillère

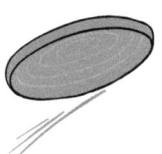

frisbee

frisbee

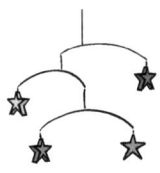

mobil

mobile

brädspel

jeu de société

tärning

dé

modelljärnväg

train miniature

napp

sucette

party

fête

bilderbok

livre d'images

boll

balle

docka

poupée

spela

jouer

sandlåda

bac à sable

gunga

balançoire

leksaker

jouets

spelkonsol

console de jeu

trehjuling

tricycle

nalle

ours en peluche

garderob

armoire

kläder

vêtements

sockar

chaussettes

strumpor

bas

tights

collant

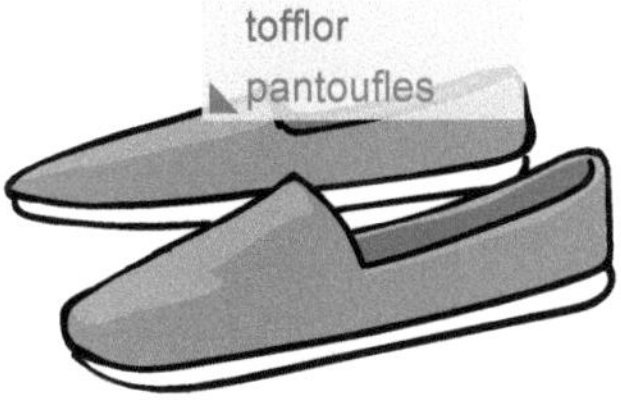

halsduk
écharpe

paraply
parapluie

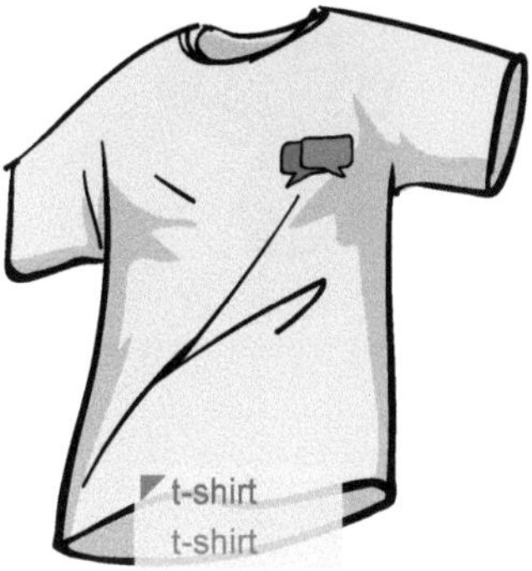

t-shirt
t-shirt

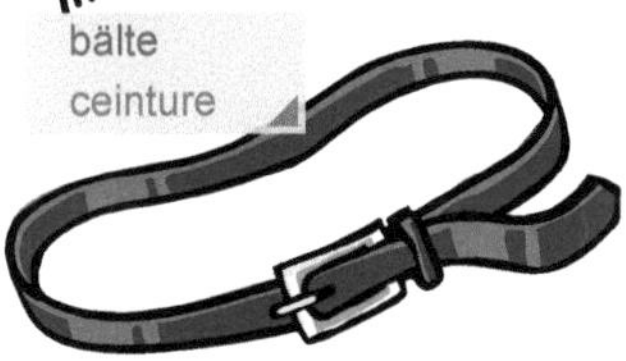

bälte
ceinture

stövlar
bottes

tofflor
pantoufles

sneakers
baskets

sandaler
sandales

skor
chaussures

gummistövlar
bottes de caoutchouc

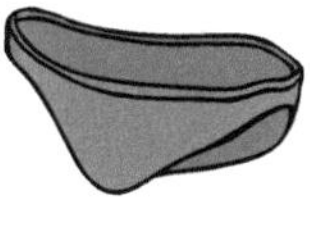

underbyxor
sous-vêtements

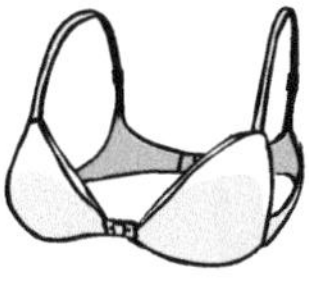

BH
soutien-gorge

linne
maillot de corps

body
body

byxor
pantalon

jeans
jean

kjol
jupe

blus
chemisier

skjorta
chemise

pullover
pull

sweater
sweat à capuche

blazer
veste

jacka
veste

kappa
manteau

regnjacka
imperméable

dräkt
costume

klänning
robe

bröllopsklänning
robe de mariée

kostym

costume

nattlinne

chemise de nuit

pyjamas

pyjama

sari

sari

slöja

foulard

turban

turban

burka

burqa

kaftan

caftan

abaya

abaya

baddräkt

maillot de bain

badbyxor

maillot de bain

shorts

short

träningsoverall

tenue d'entraînement

förkläde

tablier

handskar

gants

knapp

bouton

glasögon

lunettes

armband

bracelet

halsband

collier

ring

bague

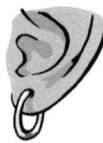

örhänge

boucle d'oreille

mössa

bonnet

galge

cintre

hatt

chapeau

slips

cravate

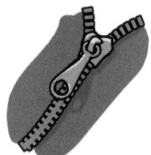

dragkedja

fermeture éclair

hjälm

casque

hängslen

bretelles

skoluniform

uniforme scolaire

uniform

uniforme

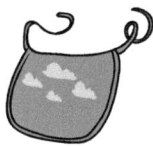

haklapp

bavoir

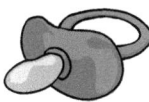

napp

sucette

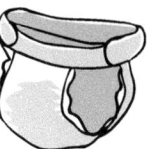

blöja

lange

kontor
bureau

server
serveur
dokumentskåp
armoire d'archivage
skrivare
imprimante
papper
papier
bildskärm
écran
mus
souris
skrivbord
bureau
mapp
classeur
tangentbord
clavier
stol
chaise
papperskorg
corbeille à papier
dator
ordinateur

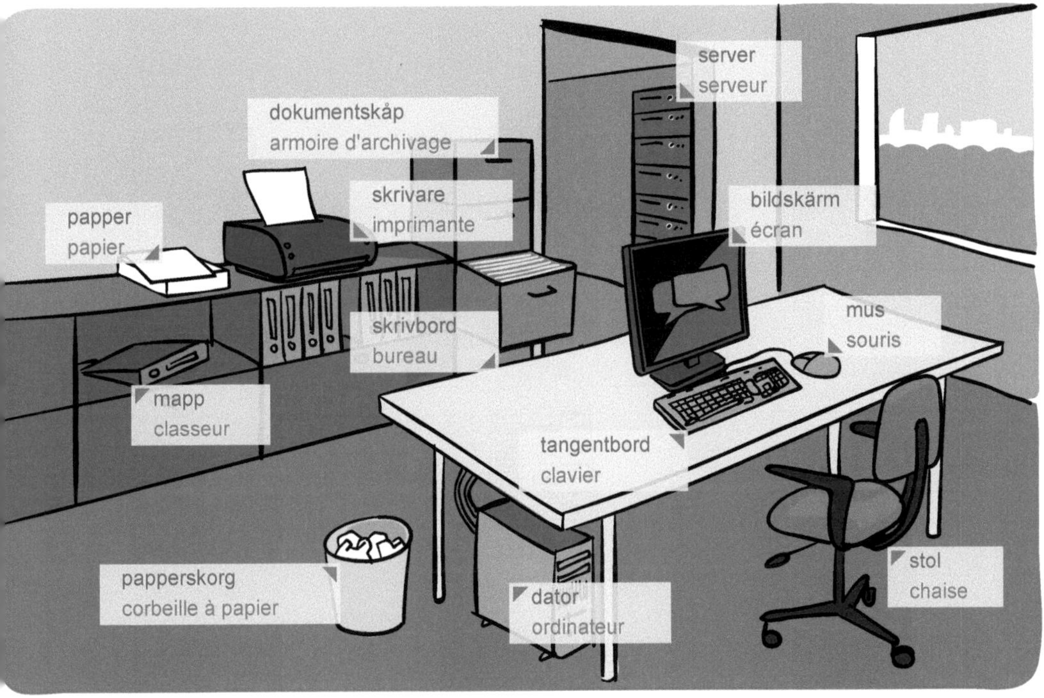

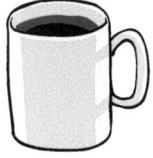

kaffemugg

tasse de café

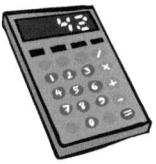

miniräknare

calculatrice

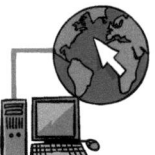

internet

internet

bärbar dator

ordinateur portable

brev

lettre

meddelande

message

mobiltelefon

portable

nätverk

réseau

kopieringsapparat

photocopieuse

programvara

logiciel

telefon

téléphone

vägguttag

prise

fax

fax

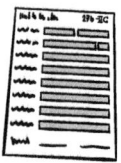

blankett

formulaire

dokument

document

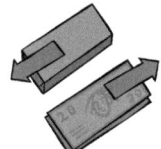

köpa

acheter

betala

payer

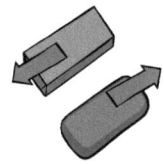

handla

faire du commerce

pengar

monnaie

 USD

dollar

dollar

 EUR

euro

euro

 JPY

yen

yen

 RUB

rubel

rouble

 CHF

schweizisk franc

franc suisse

 CNY

renminbi yan

renminbi yuan

 INR

rupie

roupie

bankomat

distributeur automatique

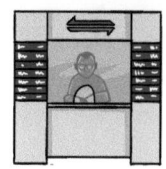

växelkontor

bureau de change

guld

or

silver

argent

olja

pétrole

energi

énergie

pris

prix

kontrakt

contrat

skatt

taxe

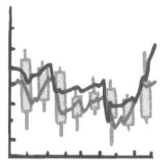

aktie

action

arbeta

travailler

anställd

employé

arbetsgivare

employeur

fabrik

usine

affär

magasin

yrken
professions

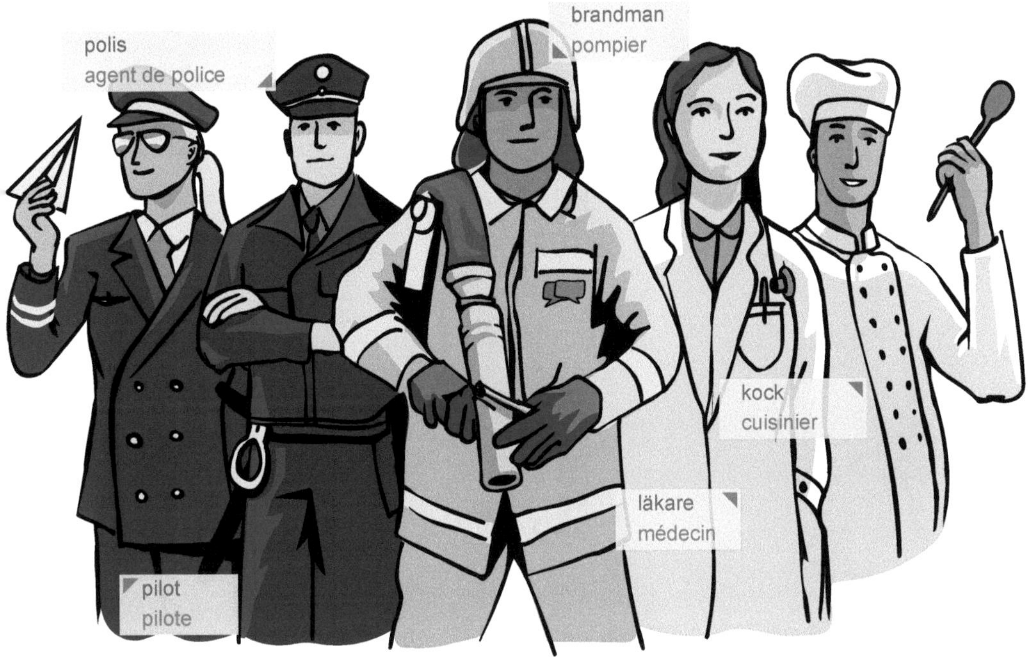
polis
agent de police
brandman
pompier
kock
cuisinier
läkare
médecin
pilot
pilote

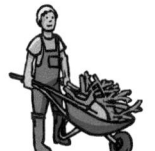

trädgårdsmästare

jardinier

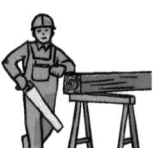

snickare

menuisier

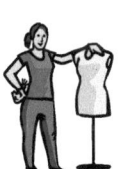

sömmerska

couturière

domare

juge

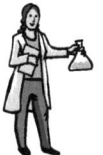

kemist

chimiste

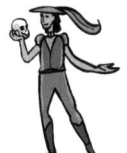

skådespelare

acteur

busschaufför

conducteur de bus

taxichaufför

chauffeur de taxi

fiskare

pêcheur

städerska

femme de ménage

takläggare

couvreur

servitör

serveur

jägare

chasseur

målare

peintre

bagare

boulanger

elektriker

électricien

byggarbetare

ouvrier

ingenjör

ingénieur

slaktare

boucher

rörmokare

plombier

brevbärare

facteur

soldat
soldat

arkitekt
architecte

kassör
caissier

florist
fleuriste

frisör
coiffeur

konduktör
contrôleur

mekaniker
mécanicien

kapten
capitaine

tandläkare
dentiste

vetenskapsman
scientifique

rabbin
rabbin

imam
imam

munk
moine

präst
prêtre

verktyg
outils

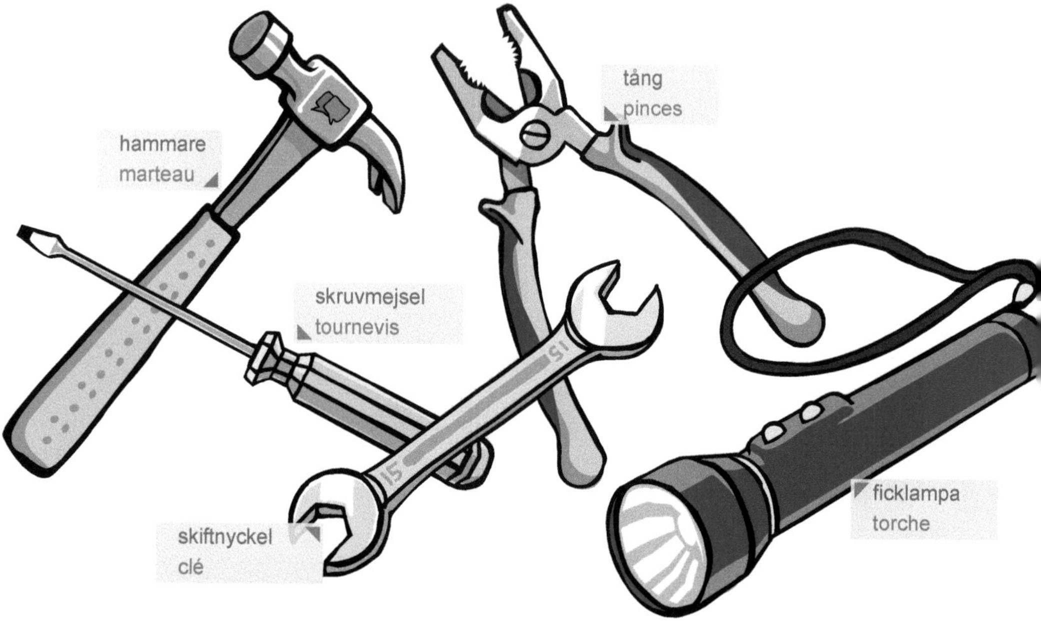
hammare
marteau
tång
pinces
skruvmejsel
tournevis
skiftnyckel
clé
ficklampa
torche

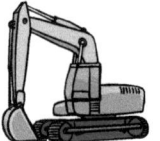

grävmaskin

pelleteuse

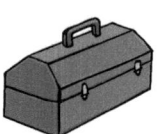

verktygslåda

boîte à outils

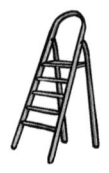

stege

échelle

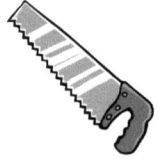

såg

scie

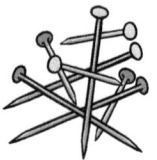

spik

clous

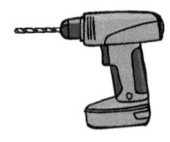

borr

perceuse

reparera

réparer

spade

pelle

Helvete!

Mince !

sopskyffel

pelle

färgburk

pot de peinture

skruvar

vis

musikinstrument

instruments de musique

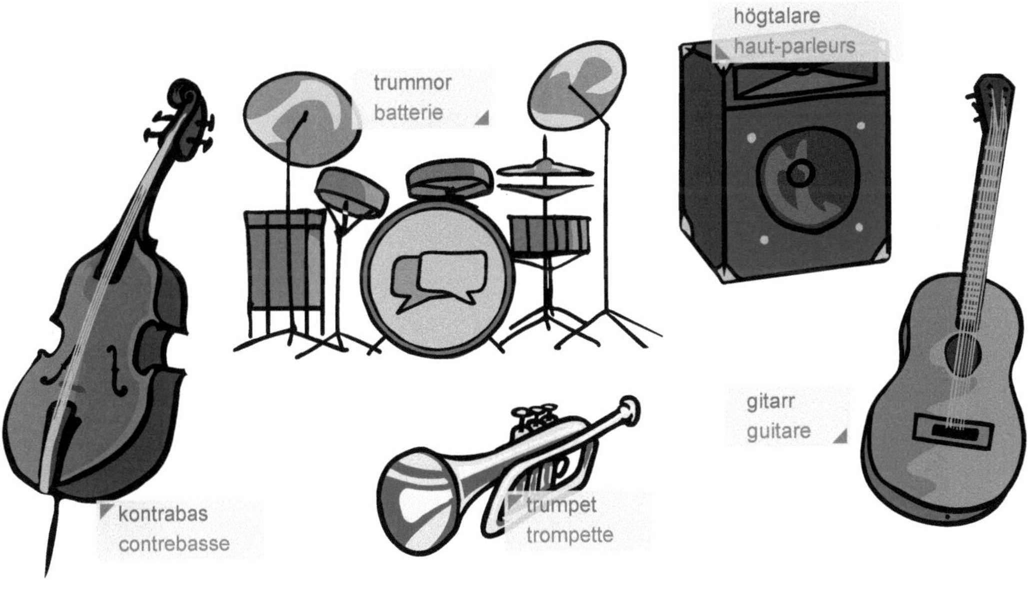

högtalare
haut-parleurs

trummor
batterie

gitarr
guitare

kontrabas
contrebasse

trumpet
trompette

piano

piano

violin

violon

bas

basse

timpani

timbales

trumma

tambour

keyboard

piano électrique

saxofon

saxophone

flöjt

flûte

mikrofon

microphone

ZOO

ZOO

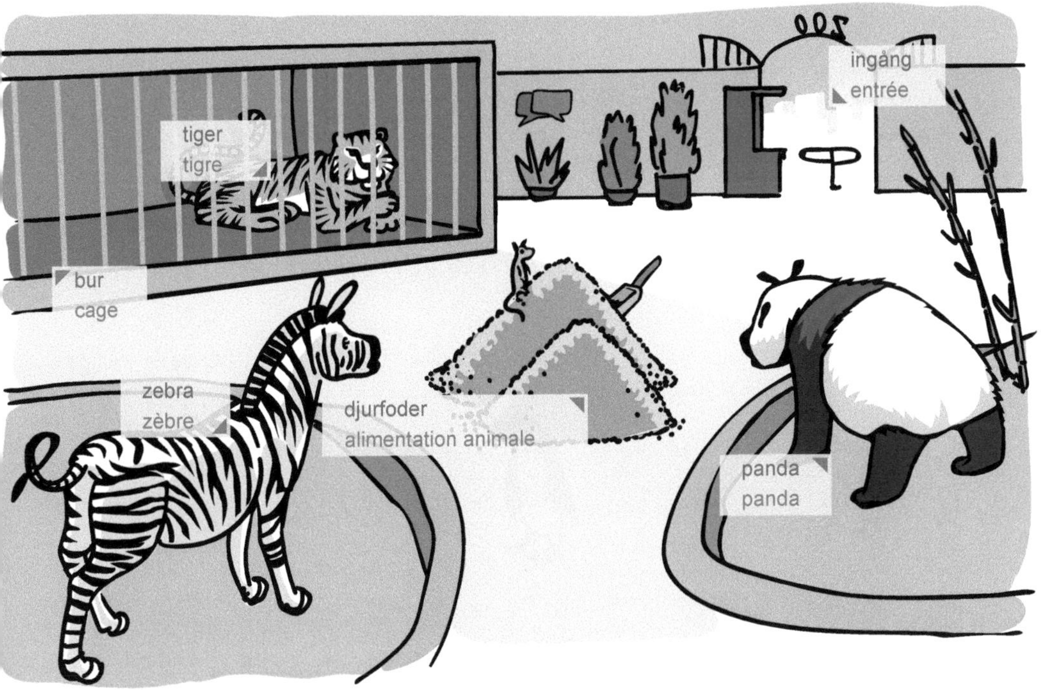
tiger
tigre
bur
cage
zebra
zèbre
djurfoder
alimentation animale
ingång
entrée
panda
panda

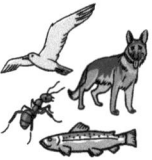

djur

animaux

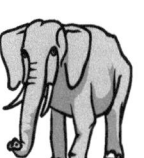

elefant

éléphant

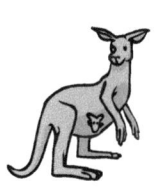

känguru

kangourou

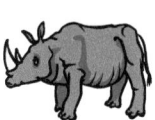

noshörning

rhinocéros

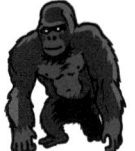

gorilla

gorille

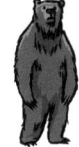

björn

ours

kamel

chameau

struts

autruche

lejon

lion

apa

singe

flamingo

flamand rose

papegoja

perroquet

isbjörn

ours polaire

pingvin

pingouin

haj

requin

påfågel

paon

orm

serpent

krokodil

crocodile

djurskötare

gardien de zoo

säl

phoque

jaguar

jaguar

zoo - zoo

ponny
poney

leopard
léopard

flodhäst
hippopotame

giraff
girafe

örn
aigle

vildsvin
sanglier

fisk
poisson

sköldpadda
tortue

valross
morse

räv
renard

gazell
gazelle

amerikansk fotboll
american Football

cykling
cyclisme

tennis
tennis

basket
basket-ball

simning
natation

boxning
boxe

ishockey
hockey sur glace

fotboll
football

badminton
badminton

friidrott
athlétisme

handboll
handball

skidåkning
ski

polo
polo

skratta
rire

hoppa
sauter

krama
embrasser

gå
marcher

sjunga
chanter

drömma
rêver

be
prier

kyssa
faire la bise

skriva
écrire

rita
dessiner

visa
montrer

skjuta
pousser

ge
donner

ta
prendre

hagel

avoir

göra

faire

vara

être

stå

être debout

springa

courir

dra

trier

kasta

jeter

falla

tomber

ligga

être couché

vänta

attendre

bära

porter

sitta

être assis

klä på

s'habiller

sova

dormir

vakna

se réveiller

se på

regarder

gråta

pleurer

smeka

caresser

kamma

peigner

prata

parler

förstå

comprendre

fråga

demander

höra

écouter

dricka

boire

äta

manger

städa

ranger

älska

aimer

laga mat

cuire

köra

conduire

flyga

voler

segla

faire de la voile

räkna

calculer

läsa

lire

lära sig

apprendre

arbeta

travailler

gifta sig

se marier

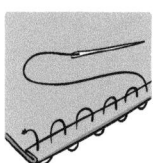

sy

coudre

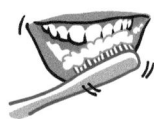

borsta tänderna

brosser les dents

döda

tuer

röka

fumer

skicka

envoyer

mormor/farmor
grand-mère

morfar/farfar
grand-père

pappa
père

mamma
mère

baby
bébé

dotter
fille

son
fils

gäst
hôte

moster/faster
tante

farbror/morbror
oncle

bror
frère

syster
sœur

kropp
corps

panna
front
öga
œil
skuldra
épaule
finger
doigt
ansikte
visage
haka
menton
hand
main
ben
jambe
bröst
poitrine
arm
bras

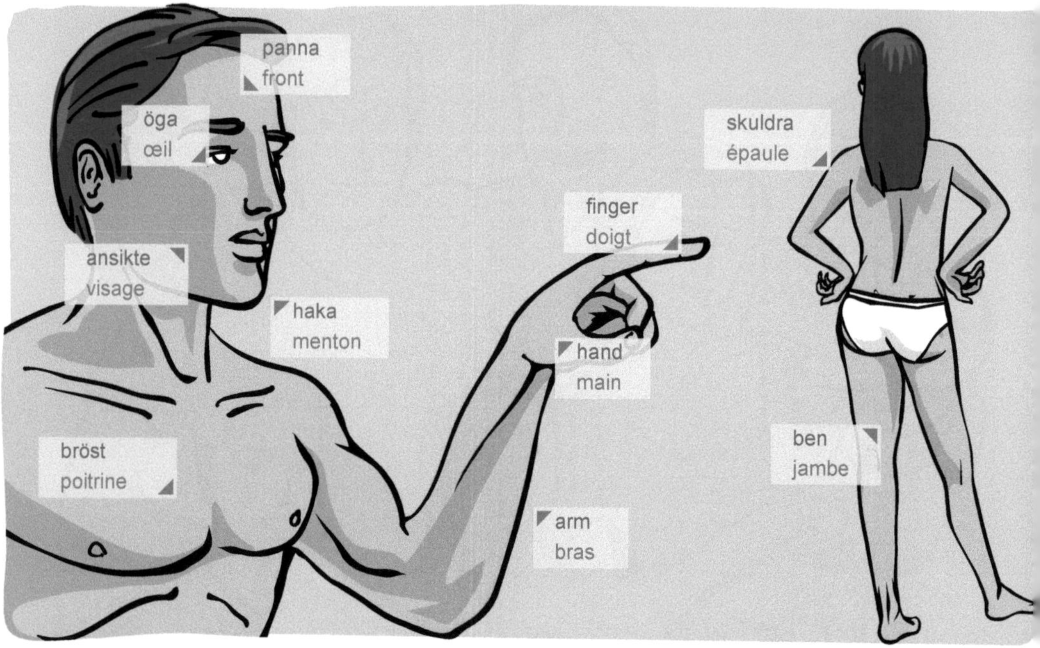

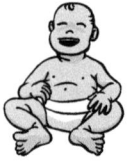

baby
bébé

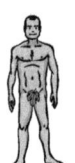

man
homme

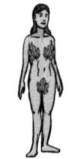

kvinna
femme

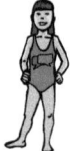

flicka
fille

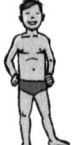

pojke
garçon

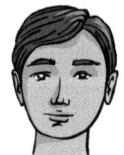

huvud
tête

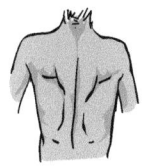

rygg
dos

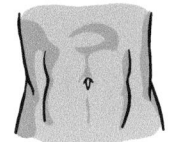

mage
ventre

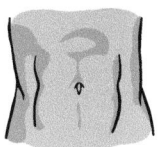

navel
nombril

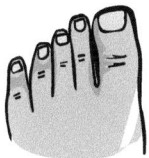

tå
orteil

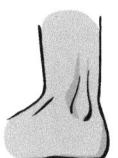

häl
talon

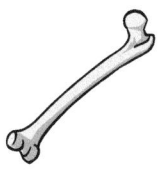

ben
os

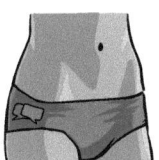

höft
hanche

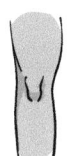

knä
genou

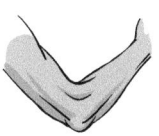

armbåge
coude

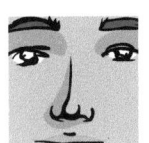

näsa
nez

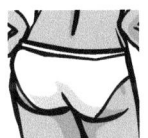

stjärt
fesses

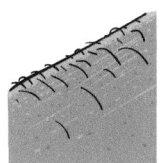

hud
peau

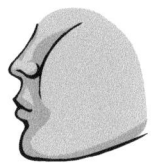

kind
joue

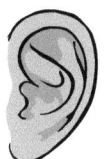

öra
oreille

läpp
lèvre

kropp - corps

mun

bouche

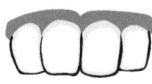

tand

dent

tunga

langue

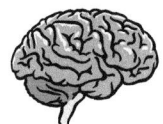

hjärna

cerveau

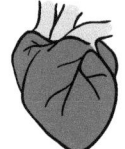

hjärta

cœur

muskel

muscle

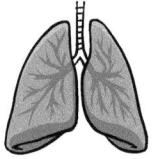

lunga

poumons

lever

foie

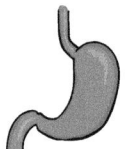

magsäck

estomac

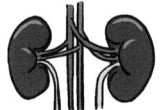

njurar

reins

sex

rapport sexuel

kondom

préservatif

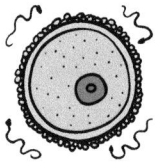

äggcell

ovule

sperma

sperme

graviditet

grossesse

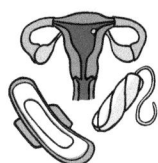

menstruation
menstruation

vagina
vagin

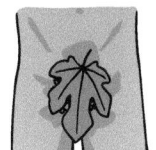

penis
pénis

ögonbryn
sourcil

hår
cheveux

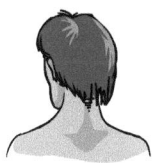

nacke
cou

sjukhus
hôpital

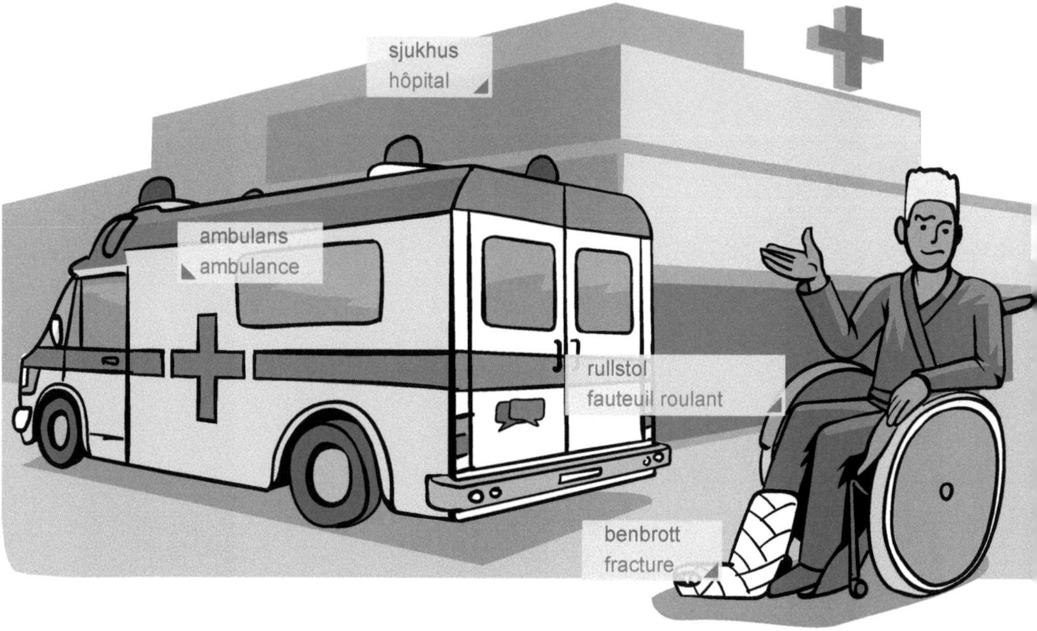

sjukhus
hôpital
ambulans
ambulance
rullstol
fauteuil roulant
benbrott
fracture

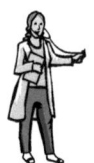

läkare

médecin

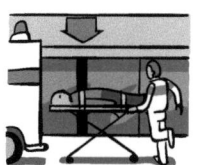

akutmottagning

service des urgences

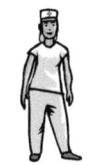

sjuksköterska

infirmière

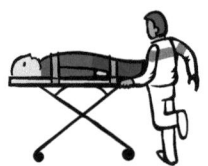

nödsituation

urgence

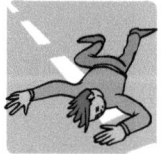

medvetslös

inconscient

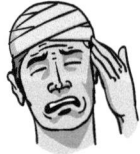

smärta

douleur

skada

blessure

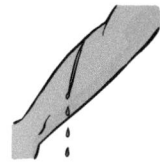

blödning

hémorragie

hjärtattack

crise cardiaque

slaganfall

attaque cérébrale

allergi

allergie

hosta

toux

feber

fièvre

influensa

grippe

diarré

diarrhée

huvudvärk

mal de tête

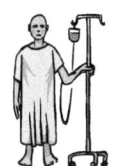

cancer

cancer

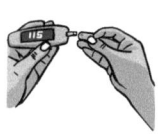

diabetes

diabète

kirurg

chirurgien

skalpell

scalpel

operation

opération

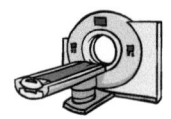

CT
CT

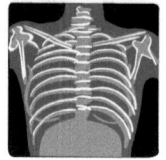

röntgen
radiographie

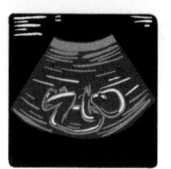

ultraljud
échographie

ansiktsmask
masque

sjukdom
maladie

väntsal
salle d'attente

krycka
béquille

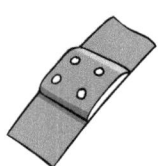

plåster
pansement

bandage
pansement

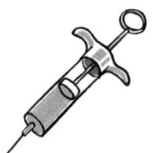

injektion
injection

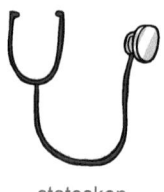

stetoskop
stéthoscope

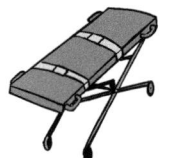

bår
brancard

termometer
thermomètre

födsel
accouchement

övervikt
surcharge pondérale

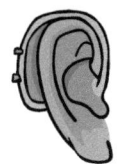

hörapparat

appareil auditif

desinfektionsmedel

désinfectant

infektion

infection

virus

virus

HIV / AIDS

VIH / sida

medicin

médicament

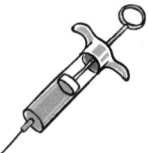

vaccination

vaccination

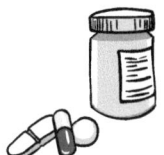

tabletter

comprimés

p-piller

pilule

nödsamtal

appel d'urgence

blodtrycksmätare

tensiomètre

sjuk / frisk

malade / sain

Hjälp!

Au secours !

överfall

assaut

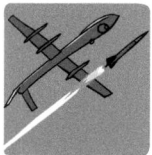

misshandel

attaque

fara

danger

nödutgång

sortie de secours

Det brinner!

Au feu!

brandsläckare

extincteur

olycka

accident

förbandslåda

trousse de premier secours

SOS

SOS

polis

police

Europa

Europe

Nordamerika

Amérique du Nord

Sydamerika

Amérique du Sud

Afrika

Afrique

Asien

Asie

Australien

Australie

Atlanten

Océan atlantique

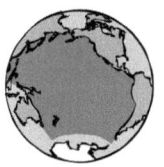

Stilla Havet

Océan pacifique

Indiska Oceanen

Océan indien

Antarktiska Oceanen

Océan antarctique

Arktiska Oceanen

Océan arctique

Nordpol

pôle nord

Sydpol
pôle sud

Antarktis
Antarctique

Jorden
terre

land
pays

hav
mer

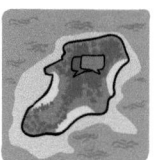

ö
île

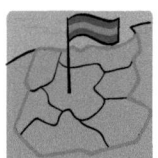

nation
nation

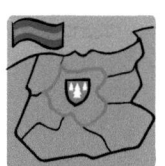

stat
état

urtavla

cadran

timvisare

aiguille des heures

minutvisare

aiguille des minutes

sekundvisare

aiguille des secondes

Vad är klockan?

Quelle heure est-il ?

dag

jour

tid

temps

nu

maintenant

digital klocka

montre digitale

minut

minute

timme

heure

vecka
semaine

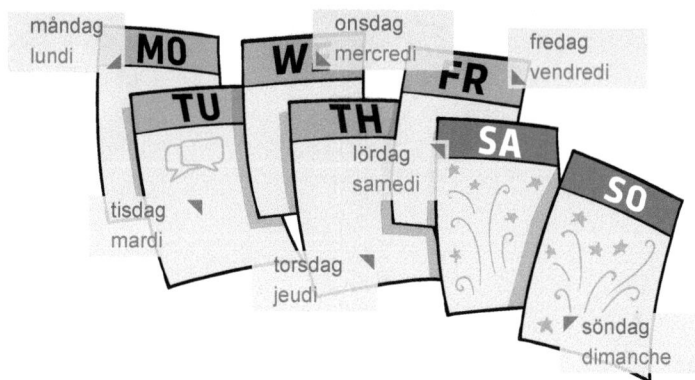

måndag / lundi — MO
tisdag / mardi — TU
onsdag / mercredi — W
torsdag / jeudi — TH
fredag / vendredi — FR
lördag / samedi — SA
söndag / dimanche — SO

igår
hier

idag
aujourd'hui

imorgon
demain

morgon
matin

middag
midi

kväll
soir

vardagar
jours ouvrables

helg
week-end

år

année

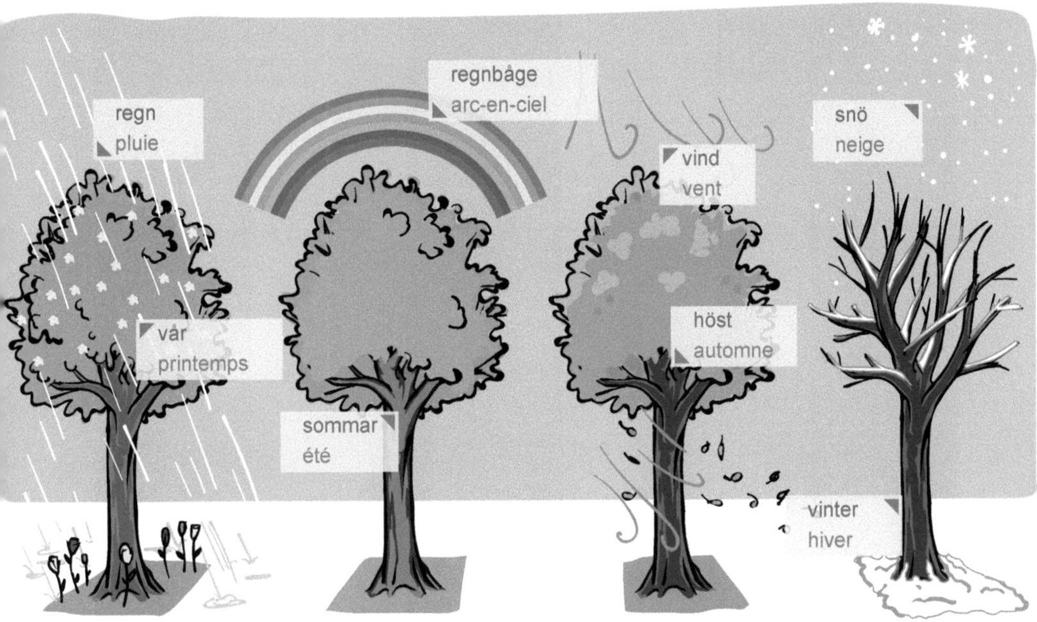
regn
pluie
regnbåge
arc-en-ciel
vind
vent
snö
neige
vår
printemps
sommar
été
höst
automne
vinter
hiver

4.APRIL 11°
5.APRIL 4°
6.APRIL 13°
7.APRIL 8°
8.APRIL 10°

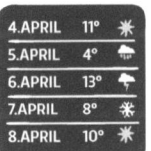

väderprognos

météo

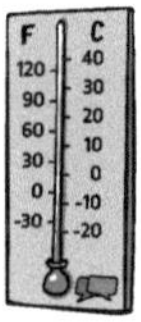
F C
120 90 60 30 0 -30
40 30 20 10 0 -10 -20

termometer

thermomètre

solsken

lumière du soleil

moln

nuage

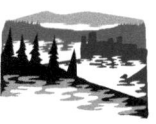

dimma

brouillard

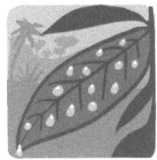

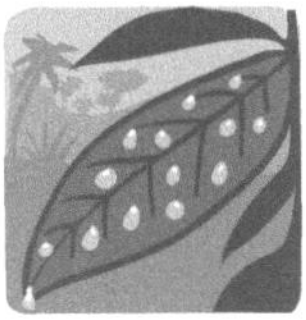

luftfuktighet

humidité

blixt
foudre

åska
tonnerre

storm
tempête

hagel
grêle

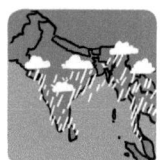

monsun
mousson

översvämning
inondation

is
glace

januari
janvier

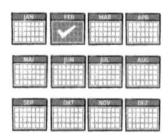

februari
février

mars
mars

april
avril

maj
mai

juni
juin

juli
juillet

augusti
août

år - année

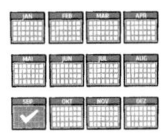

september
septembre

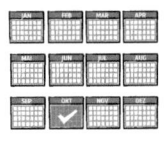

oktober
octobre

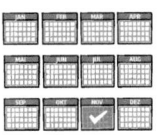

november
novembre

december
décembre

former
formes

cirkel
cercle

kvadrat
carré

rektangel
rectangle

triangel
triangle

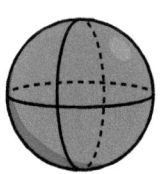

sfär
sphère

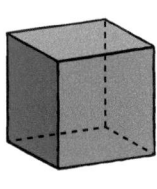

kub
cube

vit
blanc

gul
jaune

orange
orange

rosa
rose

röd
rouge

lila
violet

blå
bleu

grön
vert

brun
marron

grå
gris

svart
noir

mycket / lite

beaucoup / peu

arg / lugn

fâché / calme

vacker / ful

joli / laid

början / slut

début / fin

stor / liten

grand / petit

ljus / mörk

clair / obscure

bror / syster

frère / soeur

ren / smutsig

propre / sale

komplett / ofullständig

complet / incomplet

dag / natt

jour / nuit

död / levande

mort / vivant

bred / smal

large / étroit

ätlig / oätlig

comestible / incomestible

ond / god

méchant / gentil

upphetsad / uttråkad

excité / ennuyé

tjock / smal

gros / mince

först / sist

premier / dernier

vän / fiende

ami / ennemi

full / tom

plein / vide

hård / mjuk

dur / souple

tung / lätt

lourd / léger

hunger / törst

faim / soif

sjuk / frisk

malade / sain

olaglig / laglig

illégal / légal

intelligent / dum

intelligent / stupide

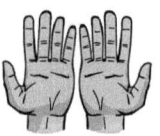

vänster / höger

gauche / droite

nära / långt bort

proche / loin

ny / begagnad
nouveau / usé

inget / något
rien / quelque chose

gammal / ung
vieux / jeune

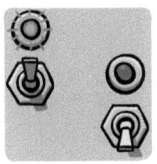

på / av
marche / arrêt

öppen / stängd
ouvert / fermé

tyst / högljudd
faible / fort

rik / fattig
riche / pauvre

rätt / fel
correct / incorrect

grov / slät
rugueux / lisse

ledsen / glad
triste / heureux

kort / lång
court / long

långsam / snabb
lent / rapide

våt / torr
mouillé / sec

varm / sval
chaud / froid

krig / fred
guerre / paix

0	**1**	**2**
noll	ett	två
zéro	un / une	deux

3	**4**	**5**
tre	fyra	fem
trois	quatre	cinq

6	**7**	**8**
sex	sju	åtta
six	sept	huit

9	**10**	**11**
nio	tio	elva
neuf	dix	onze

12
tolv
douze

13
tretton
treize

14
fjorton
quatorze

15
femton
quinze

16
sexton
seize

17
sjutton
dix-sept

18
arton
dix-huit

19
nitton
dix-neuf

20
tjugo
vingt

100
hundra
cent

1.000
tusen
mille

1.000.000
miljon
million

engelska

anglais

amerikansk engelska

anglais américain

kinesisk mandarin

chinois mandarin

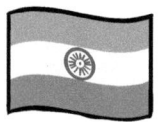

hindi

hindi

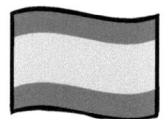

spanska

espagnol

franska

français

arabiska

arabe

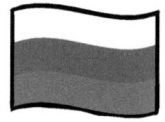

ryska

russe

portugisiska

portugais

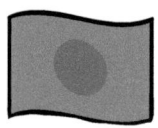

bengali

bengali

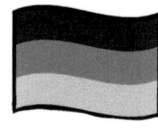

tyska

allemand

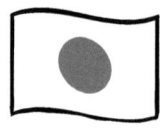

japanska

japonais

jag
je

du
tu

han / hon / den (det)
il / elle / ce, c', cela

vi
nous

ni
vous

de
ils / elles

vem?
Qui ?

vad?
Quoi ?

hur?
Comment ?

var?
Où ?

när?
Quand ?

namn
nom

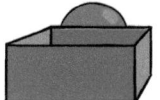

bakom
....
derrière

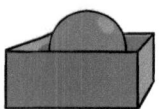

i
....
dans

framför
....
devant

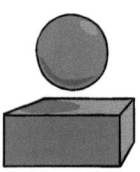

över
....
au-dessus

på
....
sur

under
....
en-dessous

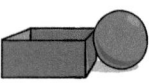

bredvid
....
à côté de

mellan
....
entre

plats
....
lieu